Angelika Nowotny

Wir feiern Kommunion

Neue Ideen für Einladungskarten,
Tisch- und Raumdekorationen,
Kerzengestaltung, Geldgeschenke

frechverlag

Von Angelika Nowotny sind im frechverlag zahlreiche weitere Kreativ-titel erschienen.

Hier eine Auswahl:

TOPP 2232

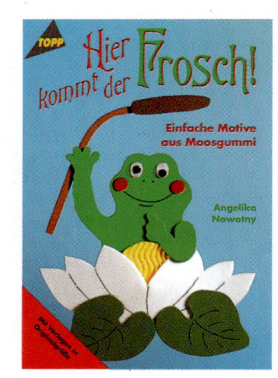

TOPP 2388

TOPP 2163

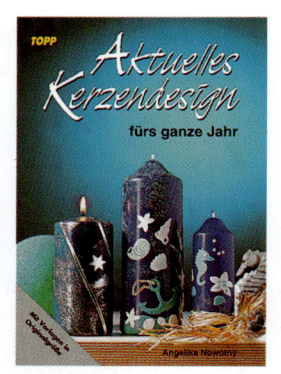

TOPP 2201

TOPP 1898

Mein Dank gilt dem Küchenfachgeschäft „Das weiße Haus" in Weil der Stadt, das freundlicherweise Porzellan und Besteck für die Fotos zur Verfügung gestellt hat.
Die verwendeten Stempeldesigns sind von der Firma Creativ-Markt Butterer (S. 9, 24, 27, 37), © 1999 – alle Rechte vorbehalten. Die Nutzung dieser Stempel ist ausschließlich für den privaten, nicht kommerziellen Zweck bestimmt.

Neu gestaltete Auflage von TOPP 2444.
Fotos: frechverlag GmbH + Co. Druck KG, 70499 Stuttgart;
Fotostudio Ullrich & Co., Renningen

Dieses Buch enthält:
1 Vorlagenbogen

Materialangaben und Arbeitshinweise in diesem Buch wurden von der Autorin und den Mitarbeitern des Verlags sorgfältig geprüft. Eine Garantie wird jedoch nicht übernommen. Autorin und Verlag können für eventuell auftretende Fehler oder Schäden nicht haftbar gemacht werden. Das Werk und die darin gezeigten Modelle sind urheberrechtlich geschützt. Die Vervielfältigung und Verbreitung ist, außer für private, nicht kommerzielle Zwecke, untersagt und wird zivil- und strafrechtlich verfolgt. Dies gilt insbesondere für eine Verbreitung des Werkes durch Film, Funk und Fernsehen, Fotokopien oder Videoaufzeichnungen sowie für eine gewerbliche Nutzung der gezeigten Modelle.

Auflage: 5. 4. 3. 2. 1. | Letzte Zahlen
Jahr: 2005 2004 2003 2002 2001 | maßgebend

© 2001
frechverlag GmbH + Co. Druck KG, 70499 Stuttgart

ISBN 3-7724-2939-4 · Best.-Nr. 2939   Druck: frechverlag GmbH + Co. Druck KG, 70499 Stuttgart

Für viele katholische Familien ist das Fest der 1. heiligen Kommunion ein großes Ereignis, sowohl durch die Feier in der Kirche als auch durch das anschließende Fest zu Hause oder im Restaurant. An ihrem großen Tag haben die kleinen Kommunikanten besonders hübsche Kleider und Anzüge an. Umrahmt wird diese Feier durch festliche Dekorationen, die ein stilvolles und unvergessliches Ambiente schaffen.

In diesem Buch finden Sie Anregungen für Dekorationen ganz verschiedener Stilrichtungen. Manche mögen es sehr festlich und klassisch mit viel Spitze, andere lieben modernere, kräftige Farben.

Neben Tür- und Wandkränzen habe ich Tischgestecke, Ehrenplatzgirlanden, Kerzen, Fotoalben, Gästebücher, Kommunionskränzchen für die Mädchen und natürlich verschiedene Karten und Geldgeschenke gestaltet.

Christliche Symbole wie Kreuz, Kelch, Weinreben und Fische sind in Karten mitverarbeitet, andere Dekorationen kommen ganz ohne diese Zeichen aus. Viele der Vorschläge können auch für andere festliche Anlässe wie Firmung, Hochzeit oder Geburtstag verwendet werden.

Ich wünsche Ihnen viel Spaß bei den Vorbereitungen sowie einen unvergesslich schönen Tag für das Kommunionkind und die ganze Familie.

Ihre
Angelika Nowotny

Material und Werkzeug

Floristikarrangements

- ▲ Seitenschneider
- ▲ Stieldrähte
- ▲ Wickel- oder Myrtendraht
- ▲ Schere, Heißklebepistole
- ▲ Blumentöpfe, Steckziegel
- ▲ Blumen, Blätter, Gräser
- ▲ Kränze, Efeuranken, Beeren
- ▲ Bänder, Kordeln, Spitze, Naturbast
- ▲ Seegras, Stripgras, Cannastäbe
- ▲ Holzstreuteile, Elefanten-Ried

Karten, Fotoalbum, Gästebuch

- ▲ Verschiedenfarbige Naturpapiere (auch als Set in farblich abgestimmten Tönen erhältlich)
- ▲ Kokosfaserpapier
- ▲ Moon-Rock-Papier
- ▲ Wellpappe, 3D-Colorwellpappe
- ▲ Strohseide
- ▲ Elefantenhaut
- ▲ Tonpapier, Fotokarton
- ▲ Selbstklebende Hologrammfolie
- ▲ Selbstklebende Schriften und Buchstaben
- ▲ Goldener Lackstift und Glitzerliner
- ▲ Büttenrandschere
- ▲ Verschiedene Konturenscheren
- ▲ Lineal, Cutter, Schneideunterlage
- ▲ UHU Alleskleber, UHU stic

Kerzengestaltung

- ▲ Architektenpapier
- ▲ Wachsplatten
- ▲ Fertige Wachsornamente
- ▲ Wachsschriften
- ▲ Zierborden aus Wachs
- ▲ Nähnadel
- ▲ Resopalbrettchen

Karten mit gestempelten Schriftzügen

- ▲ Verschiedene Schriftstempel
- ▲ Transparentes Stempelkissen
- ▲ Embossingstift (Dual Pen)
- ▲ Embossingpulver in verschiedenen Farben
- ▲ Toaster oder Ceranfeld-Herdplatte

Karten in der Embossingtechnik

- ▲ Aquarellpapier
- ▲ Bristolkarton
- ▲ Metallschablonen
- ▲ Lichtkasten, Prägestift
- ▲ Aquarellstifte
- ▲ Kleiner Rindshaarpinsel
- ▲ Kleine Schere

Bitte beachten Sie auch die Materialangaben bei den einzelnen Anleitungen.

Schritt für Schritt erklärt

Kerzengestaltung

▲1▲▲ Motive vom Vorlagenbogen auf Architektenpapier übertragen.

▲2▲▲ Architektenpapier auf die Wachsplatte legen und mit einem Kugelschreiber die Konturen unter leichtem Druck nachzeichnen.

▲3▲▲ Wachsplatte auf das Resopalbrettchen legen und die Konturen mit einer spitzen Nähnadel ausschneiden.

▲4▲▲ Motiv vom Schutzpapier lösen und auf der Kerze platzieren. Die Wachsplatten und auch die fertigen Wachsschriften, Ornamente und Borden haften ohne Klebstoff und nur durch leichtes Andrücken an der Kerze.

Karten mit gestempelten Schriftzügen

▲1▲▲ Schriftstempel in das transparente Stempelkissen tupfen.

▲2▲▲ Stempel unter leichtem Druck gerade auf das Papier drücken.

▲3▲▲ Embossingpulver großzügig auf den noch feuchten Stempelabdruck streuen.

▲4▲▲ Überschüssiges Pulver auf ein Blatt Papier abschütten (Restpulver wieder in der Pulverdose oder -flasche kippen).

▲5▲▲ Papier mit dem Stempelabdruck und dem Pulver über einen Toaster halten oder auf eine Ceranfeld-Kochplatte legen. Das Pulver schmilzt nun und wird zu einer schönen glänzenden, emailähnlichen Oberfläche.

Karten in der Embossingtechnik

▲1▲▲ Die Metallschablone auf den Lichtkasten legen, eventuell mit etwas Klebeband fixieren.

▲2▲▲ Aquarellpapier oder Bristolkarton auf die Schablone legen (Rückseite der Karte nach oben).

▲3▲▲ Mit dem Prägestift entlang der Innenränder des durchscheinenden Motivs fahren; dabei wird das Papier in die Schablone geprägt.

▲4▲▲ Papier umdrehen; das Motiv erscheint jetzt erhaben auf der Vorderseite.

▲5▲▲ Flächen mit einem stumpfen Aquarellstift bemalen und die Farbe mit einem leicht feuchten Pinsel anlösen.

▲6▲▲ Die Motive entweder grob ausschneiden oder als Kärtchen mit hübschen Rändern gestalten. Hierfür bietet der Handel verschiedene Konturenscheren an.

Arbeiten mit dem Dual-Pen

Einige geprägte Motive werden ebenfalls mit Embossingpulver verziert. Hierfür bemalen Sie ein geprägtes Motiv mit dem Dual-Pen – dieser ersetzt die Stempelfarbe! – dann verfahren Sie weiter wie in den Punkten 3, 4 und 5.

Klassische Dekoration in Grün-Weiß

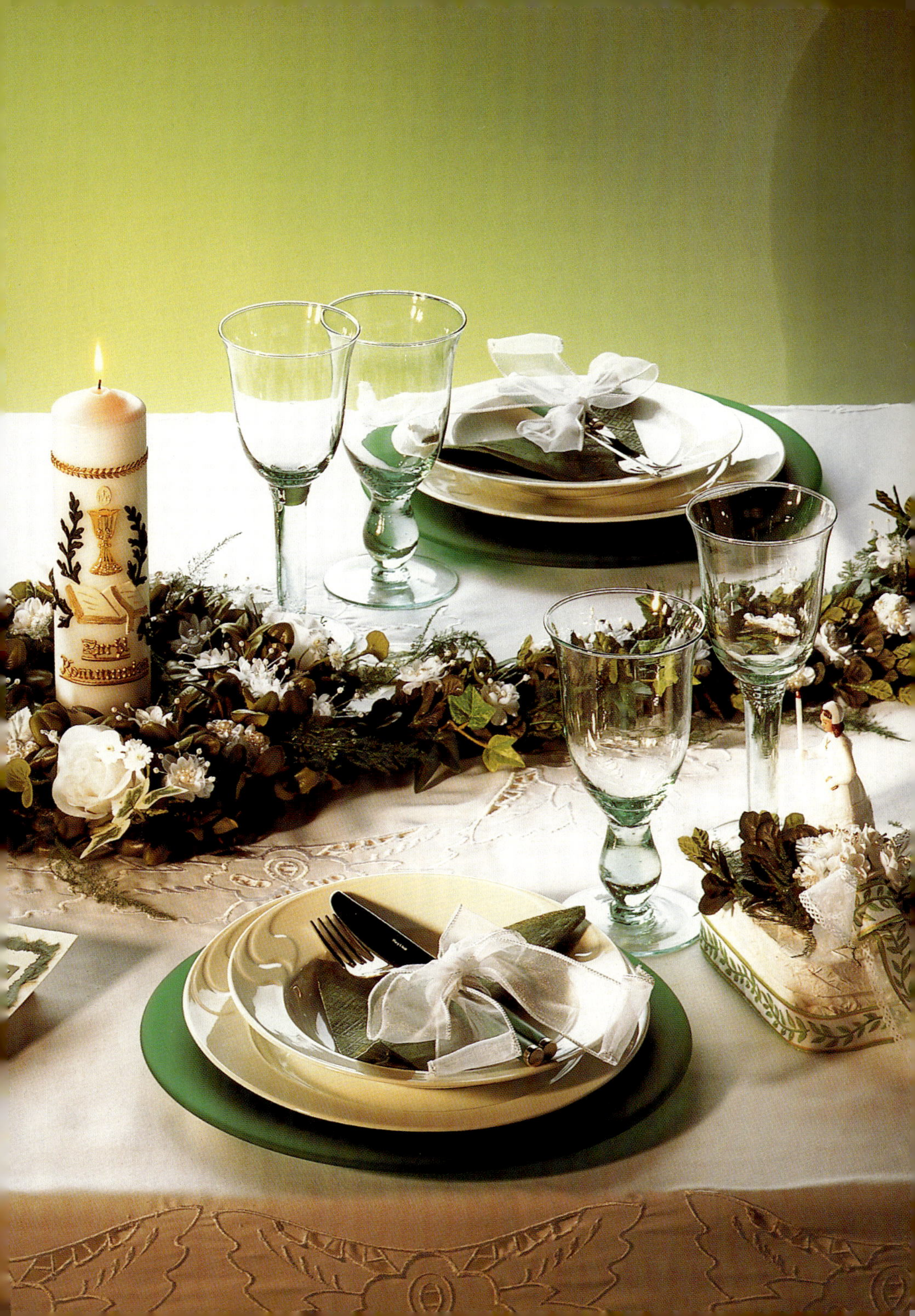
Zur hl.
Kommunion

EINLADUNGSKARTEN

Karte mit Kelch

- ▲ Weiße Klappkarte, A6
- ▲ Weißes Einlegeblatt
- ▲ Grüne Strohseide mit Goldfäden
- ▲ Embossingschablone Kelch
- ▲ Goldener Glitzerliner
- ▲ Aquarellstift, grün
- ▲ Lackmalstift, gold
- ▲ Goldene Klebeschrift „Einladung"
- ▲ Büttenrandschere

Strohseide in Größe 8 cm x 10 cm zupfen und auf Karte kleben. Mit der Büttenrandschere ein ca. 6 cm x 7,5 cm großes Kärtchen aus dem Einlegeblatt schneiden.
In der Embossingtechnik (siehe S. 5) den Kelch prägen. Efeublätter mit dem Aquarellstift kolorieren. Kelch mit Glitzerliner verzieren und Konturen der Hostie und der Strahlen mit goldenem Lackstift nachziehen. Blatt aufkleben. Zum Schluss die Klebeschrift im unteren Kartenteil positionieren.

Karte im Querformat mit Schleife

- ▲ Weiße Doppelkarte, querdoppelt, 21 cm x 10,5 cm
- ▲ 22 cm Baumwollband, grün/gold gemustert, 4 cm breit
- ▲ 22 cm weißes Satinband, 1,5 cm breit
- ▲ 10 cm grünes Satinband, 8 mm breit
- ▲ Embossingschablone „Pax mit Taube"
- ▲ Aquarellstifte, hellblau, gelb, grün
- ▲ Klebeschrift „Zur Heiligen Kommunion"
- ▲ Klebeelemente in Gold für die Ecken

Grünes Band auf die untere Hälfte der Klappkarte kleben. Den überstehenden Zentimeter links auf der Rückseite fixieren. Rechts auf dem Band die Schleife aus Satinband platzieren.
Das Pax-Zeichen mit Taube in der Embossingtechnik gestalten (siehe S. 5) und mit Aquarellstiften bemalen. Klebeschrift anbringen und die oberen Ecken mit kleinen Zierelementen schmücken.

Karte mit Kreuz und grüner Strohseide

- ▲ Bütten-Aquarellpapier, 22 cm x 21 cm
- ▲ Aquarellpapier, 6 cm x 7,5 cm
- ▲ Embossingschablone „Kreuz"
- ▲ Elefantenhaut in Chamois (8 cm x 17 cm) und Grün (8,5 cm x 7 cm)
- ▲ Grüne Strohseide mit Goldfäden, 10 cm x 19 cm
- ▲ Schriftstempel „Einladung zur Kommunion"
- ▲ Goldenes Embossingpulver
- ▲ Aquarellstifte, gelb, hell- und dunkelgrün
- ▲ Zacken- und Büttenrandschere

Das Bütten-Aquarellpapier zu einer hochformatigen Klappkarte falzen. Gezupfte Strohseide aufkleben. Die helle Elefantenhaut mit Schriftstempel bedrucken und mit Embossingpulver bearbeiten (siehe S. 5). Mit der Büttenrandschere zuschneiden und aufkleben. Ein Rechteck aus der grünen Elefantenhaut in der oberen Hälfte platzieren.

Darauf das mit der Kreuzschablone geprägte und kolorierte Stück Aquarellpapier, welches einen Zackenrand hat, kleben.

Grüne Einladungskarte
Abbildung Seite 9

- ▲ Doppelkarte aus grünem Tonpapier mit Einlegeblatt (gefalztes Quadrat, 21 cm x 21 cm)
- ▲ Weiße Bristolkarte, A5
- ▲ 24 cm grünes Band mit Spitzen und Tupfen
- ▲ Festtagsblüte mit zwei weißen Blättern
- ▲ Embossingschablone „Kreuz"
- ▲ Schriftstempel „Einladung zur Kommunion"
- ▲ Transparentes Stempelkissen
- ▲ Goldenes Embossingpulver
- ▲ Aquarellstifte, gelb, hell- und dunkelgrün
- ▲ Konturenschere Wellen

Für das Aufkleben des Spitzenbandes nur wenig Klebstoff auftragen. Oben und unten überstehendes Band auf der Karteninnenseite ankleben. Das Einlegeblatt in der Größe 10,5 cm x 21 cm auf die linke Karteninnenseite kleben.
Mit der Wellenschere aus der Bristolkarte ein Quadrat von 8 cm x 8 cm und ein Rechteck von 8 cm x 5 cm schneiden. Das Kreuz mit Korn und Weinreben in der Embossingtechnik gestalten und kolorieren. Das Kreuz und die gestempelte Schrift wirken besonders plastisch durch das goldene Embossingpulver (siehe S. 5). Blümchen aufkleben.
Diese Karte kommt besonders bei Kommunion-Mädchen gut an.

Türgirlande
Gesamtlänge ca. 3,30 m

- ▲ 2 Efeuranken, je 35 cm lang
- ▲ 4 Efeu/Rosenranken, je 65 cm lang
- ▲ 7 Rosenbouquets, weiß
- ▲ 1,2 m Band mit Myrtenzweigen, 2,5 cm breit
- ▲ 1,5 m Spitzenband, weiß, 4 cm breit
- ▲ 2 m Spitzenband, weiß, 4 cm breit
- ▲ 1 m Satinband, weiß, 3 mm breit
- ▲ 1,5 m Drahtband, weiß, 4 cm breit
- ▲ Wickeldraht

Die beiden kurzen Efeuranken mit den Stielen zusammendrahten. Rechts und links an die Enden je zwei Efeu/Rosenranken drahten. Rosenbouquets einarbeiten: jeweils drei Bouquets auf den Efeuranken und das siebte Bouquet auf den Mittelpunkt, wo beide Efeuranken zusammentreffen, platzieren.
Aus dem weißen Drahtband und dem Spitzenband jeweils eine Doppelschleife, aus dem Band mit Myrtenzweigen eine einfache Schleife binden. Alle Schleifen nun übereinanderlegen, mit dem dünnen Satinband zusammenbinden und unterhalb des mittleren Rosenbouquets in die Girlande knoten.
Zum Schluss das 2 m lange Stück Spitzenband im oberen Bereich der Girlande drapieren.

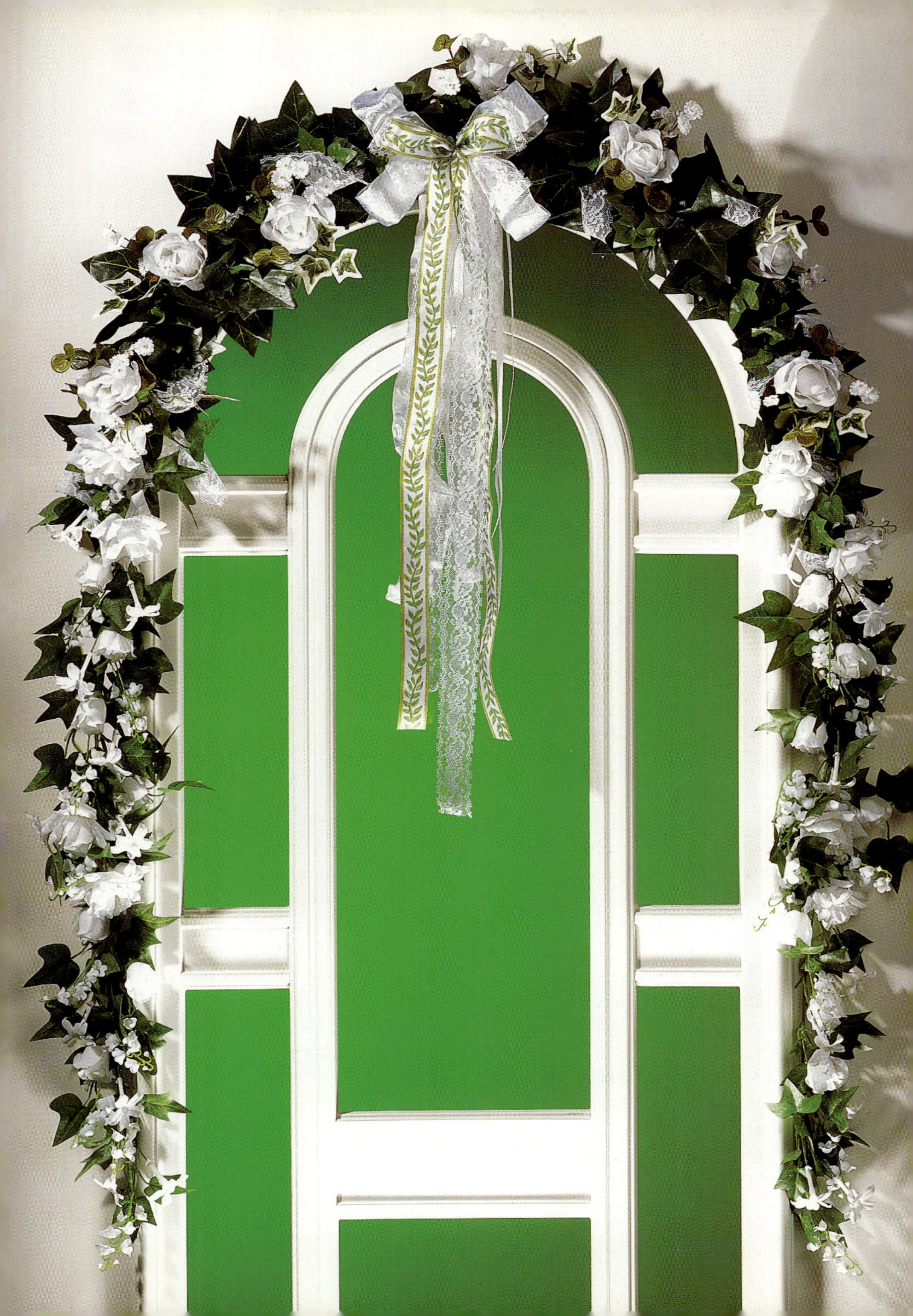

HAAR-KRÄNZCHEN

Sie werden staunen, wie einfach und preiswert es ist, zauberhafte Kränzchen selbst zu gestalten.

Kommunionskränzchen

- ▲ 2 Blütenrispen mit Perlen
- ▲ Bund Diorrosen mit Organza, weiß
- ▲ 2 Blütenperlenstränge, 5fach, 32 cm lang
- ▲ Organdyschleierband, 3fach, 55 cm lang
- ▲ Steckkamm, transparent
- ▲ 7 cm weißes Satinband, 10 mm breit

Blütenrispen mit den Stielen gegeneinander legen, so dass zwischen den Blüten etwa 7 cm Abstand bleibt. In diesen Zwischenraum die Stiele des Diorrosenbundes binden. Stiele des Organdyschleierbandes und der Blütenperlenstränge unterhalb der Diorrosen einbinden.

Jetzt brauchen Sie nur noch den Steckkamm annähen oder ankleben, das Satinbandstück an die obere Kante des Kammes kleben und fertig ist das Kränzchen!

Kommunionskränzchen mit Schleife

- ▲ 2 Blütenbouquets, weiß, 18 cm lang
- ▲ Bund Satinrosen, weiß-irisierend
- ▲ 2 m weißes Organdy-Schleierband, 5 cm breit
- ▲ Steckkamm, transparent
- ▲ 2 m weißes Satinband, 3 mm breit

Blütenbouquets mit Stielen gegeneinander legen. Es sollte ein Zwischenraum von ca. 7 cm für die Satinrosen verbleiben. Mit den Stielen der Rosen die beiden Rispen zusammendrahten.

Aus dem Organdyband eine Doppelschleife binden, die mit dem Satinband zusammengehalten und unterhalb der Rosen platziert wird. Steckkamm ankleben oder annähen. Haargesteck in Kopfform biegen.

Für dieses traumhafte Kränzchen wird sicher auch so manche Braut schwärmen.

Tischkranz

▲ *Reben/Buchskranz, ø 30 cm*
▲ *4 Rosenbouquets mit Efeu*
▲ *2 Bund Satinblumen mit Perlen, weiß*
▲ *3 Bund Blüten mit Perlen, weiß*
▲ *Plumosus*

Rosenbouquets gleichmäßig auf dem Kranz anordnen; die Efeuzweige zeigen dabei nach außen. 2 Bund Satinblumen zerteilen und jeweils 3 Blumen gebündelt einarbeiten. Anschließend die Blüten mit den herausragenden Perlen einzeln gleichmäßig verteilt am Kranz befestigen. Die kleinen Plumosuszweige in die verschiedenen Zwischenräume kleben. Diesen festlichen Kranz können Sie als Tisch- oder Türkranz verwenden.

Kommunionskerze

Diese Kerze können selbst ungeübte Bastler leicht nacharbeiten, da es alle Ornamente fertig aus Wachs gibt.

▲ *Weiße Stumpenkerze, 25 cm lang, ø 6 cm*
▲ *4 Blätterranken aus Wachs*
▲ *Wachsschrift „Zur hl. Kommunion"*
▲ *Kelch mit Hostie aus Wachs*
▲ *Gebetbuch aus Wachs*
▲ *Blätterborde, gold, aus Wachs*

Teile behutsam vom Schutzpapier lösen und laut Abbildung auf der Kerze positionieren. Sie benötigen keinen Klebstoff, da die Wachsornamente von selbst auf der Kerze haften.

Tischgirlande

Die rechts abgebildete Girlande besteht aus zwei Teilen. Die Materialliste und die Beschreibung beziehen sich auf einen Teil.

▲ *12 Seidenbuchszweige*
▲ *1,5 Bund Satinblumen mit Perlen, weiß*
▲ *2 Bund Blüten mit Perlen, weiß*
▲ *Efeuzweig*
▲ *Plumosus*
▲ *Wickeldraht*

Binden Sie mit Hilfe des Wickeldrahtes aus den Buchszweigen eine Girlande. Die Satinblumen in Dreiergruppen in die Girlande einarbeiten. Die Blüten mit den Perlen einzeln auf der Girlande platzieren. Zum Schluß Plumosus und Efeuzweig einkleben.

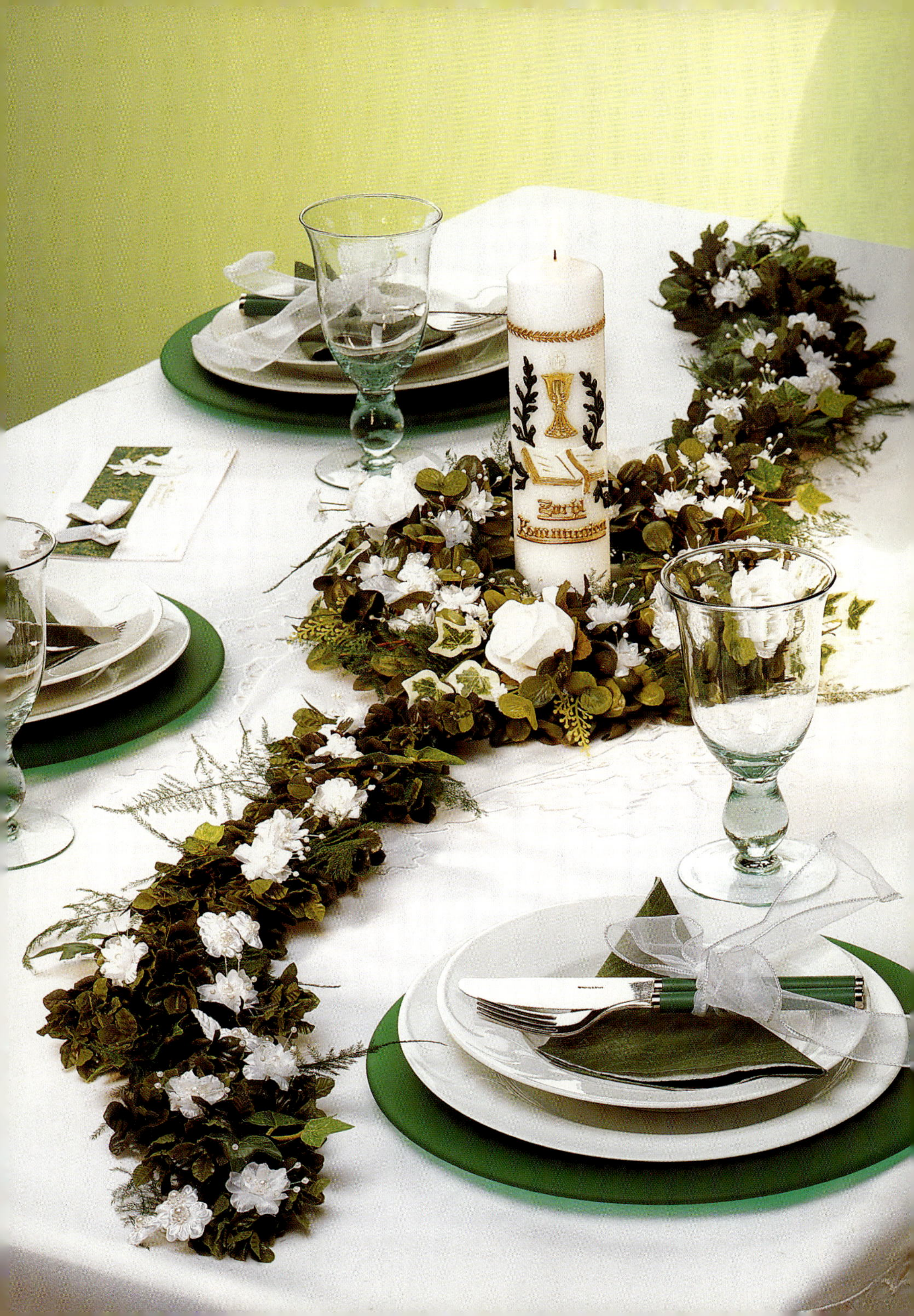
Zur hl
Kommunion

Geschenkdose

▲ Pappschachtel, 11 cm x 16 cm
▲ Weiße Strohseide
▲ Kleister
▲ Kommunionskind, ca. 9 cm hoch
▲ Seidenbuchszweig
▲ Bund Satinblüten mit Glimmer
▲ 1 m weißes Spitzenband mit Tupfen, 4 cm breit
▲ 1,5 m Band mit Myrtenzweigen, 2,5 cm breit
▲ 50 cm weißes Satinband, 3 mm breit
▲ Plumosus

Schachtel mit Kleister bestreichen und darauf die in Stücke gerissene Strohseide drapieren. Nochmals mit Kleister bestreichen und das Papier fest an den Deckel und das untere Dosenteil drücken. Nach dem Trocknen Buchszweig und Satinblüten aufkleben.

Aus dem Spitzenband und einem Meter des Bandes mit Myrtenzweigen eine Schleife binden. Mit dem schmalen Satinband zusammenbinden. Fertige Schleife auf den Blüten- und Buchszweigstielen befestigen. Um den unteren Rand der Dose das noch verbleibende, 50 cm lange Band mit Myrtenzweigen kleben.

Zum Schluss Kommunionskind auf Schachtel kleben.

Fotoalbum

▲ *Einfaches Fotoalbum*
▲ *Dunkelgrüne Strohseide*
▲ *Weiße Karte, A5*
▲ *Doppelseitiges Bügelvlies*
▲ *Weißer Stoff mit eingewebten Punkten*
▲ *70 cm Baumwollspitze*
▲ *Goldene Klebebuchstaben*
▲ *Fotografie*
▲ *Weißes Gewebeband*
▲ *Konturenschere Wellen*
▲ *Bügeleisen*

Stoff entsprechend der Größe des Albums zuschneiden. An allen Seiten sollten mindestens 5 cm Stoff überstehen. Stoff auf das Vlies und Vlies auf das Fotoalbum bügeln. Überstehenden Stoff nach innen knicken und sauber mit dem Gewebeband am Album befestigen. Ein Stück gerissene Strohseide auf Vorderseite kleben.

Kartenrand mit der Wellenschere gestalten und mit Hilfe von Lineal und Cutter ein Passepartout-Fenster für die Größe des Fotos herausschneiden. Als Rahmen für die Karte dient eine dahintergeklebte Baumwollspitze. Zum Schluss Klebebuchstaben platzieren.

▲▲▲ TIPP ▲▲▲▲▲▲▲▲▲▲▲▲
Besonders individuell wird das Album, wenn Sie noch den Namen des Kommunionskindes in Klebebuchstaben aufbringen. ▲▲▲▲▲▲▲▲▲▲

Dekoration in frischem Blau

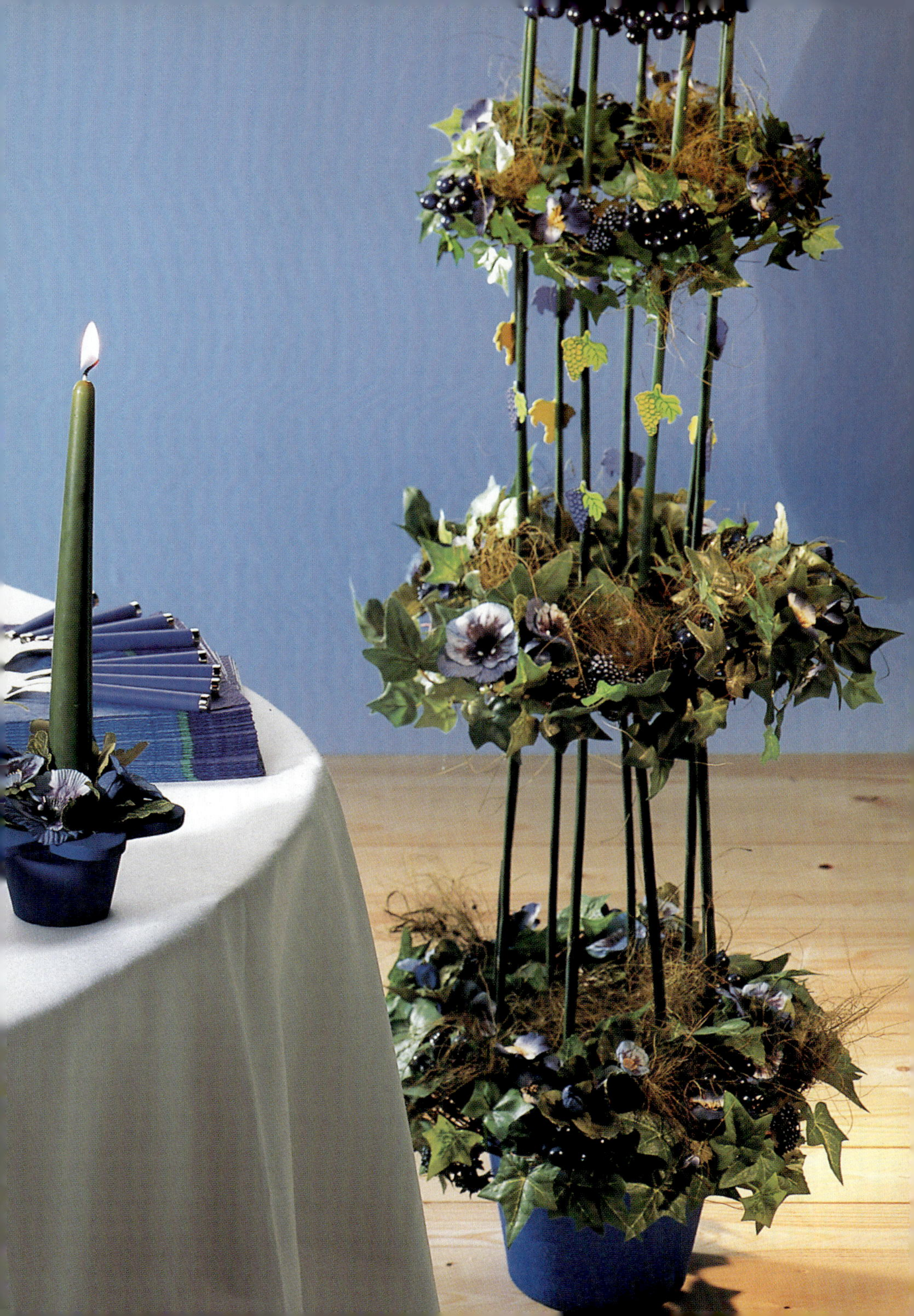

Stabbaum mit Efeukränzen

Diese ansprechende Dekoration erfordert etwas Geduld, sie ist dafür aber ein zeitloser Raumschmuck, der nicht nur für das Kommunionsfest verwendet werden kann.

- ▲ *Blauer Blumentopf, 13 cm hoch, ø 15 cm*
- ▲ *Je 1 Reben/Efeukranz, ø 30, 20 und 15 cm*
- ▲ *Blauer Beerenkranz, ø 17 cm*
- ▲ *Beutel Holz-Weintrauben (12 Stück), grün/blau*
- ▲ *5 blaue Beerenkränze, ø 11 cm*
- ▲ *12 blaue Mini-Stiefmütterchen*
- ▲ *5 blaue Yaninchen*
- ▲ *4 Kerzenkränze mit blauen Stiefmütterchen*
- ▲ *Seegras*
- ▲ *16 grüne Stäbe Elefanten-Ried, 50 cm lang*
- ▲ *Steckziegel*
- ▲ *Stieldraht, Myrtendraht*

Steckziegel entsprechend der Topfgröße zuschneiden. Aus den 16 Stäben acht Stäbe mit je 80 cm Länge fertigen, dabei zum Zusammenbinden Stieldraht und Heißkleber verwenden. Lange Stäbe in den äußeren Rand des Topfes mit jeweils ca. 5 cm Abstand voneinander stecken. Die zusammengesetzten Stellen der Stäbe sollten sich im unteren Drittel befinden.

Großen Reben/Efeukranz von oben über die Stäbe bis zum Topfrand schieben. Als nächstes folgt der Kranz mit 20 cm Durchmesser. Diesen an der Nahtstelle der Stäbe verdrahten. Etwa 30 cm darüber den kleinsten Reben/Efeukranz platzieren. Als oberste Krone dient der Beerenkranz mit 17 cm Durchmesser, den Sie mit Hilfe der Heißklebepistole befestigen.

Zum Dekorieren den untersten Kranz mit zwei Stiefmütterchen-Kerzenkränzen, die Sie jeweils zerteilen, schmücken. Zwei kleine Beerenkränzchen und zwei Yaninchen in mehrere Stücke teilen und diese auf dem Kranz positionieren. Vier Mini-Stiefmütterchen in gleichen Abständen einarbeiten.

Den zweiten Reben/Efeukranz mit zwei zerteilten Stiefmütterchen-Kerzenkränzen, zwei Beerenkränzen, zwei Yaninchen sowie vier Mini-Stiefmütterchen dekorieren.

Den kleinen Reben/Efeukranz mit einem zerteilten Beerenkranz und einem Yaninchen sowie vier Mini-Stiefmütterchen verzieren.

Seegras großzügig in die Topfmitte legen und alle Kränze damit bestücken. Zuletzt Holz-Weintrauben versetzt auf die Stäbe zwischen dem mittleren und dem oberen Reben/Efeukranz kleben.

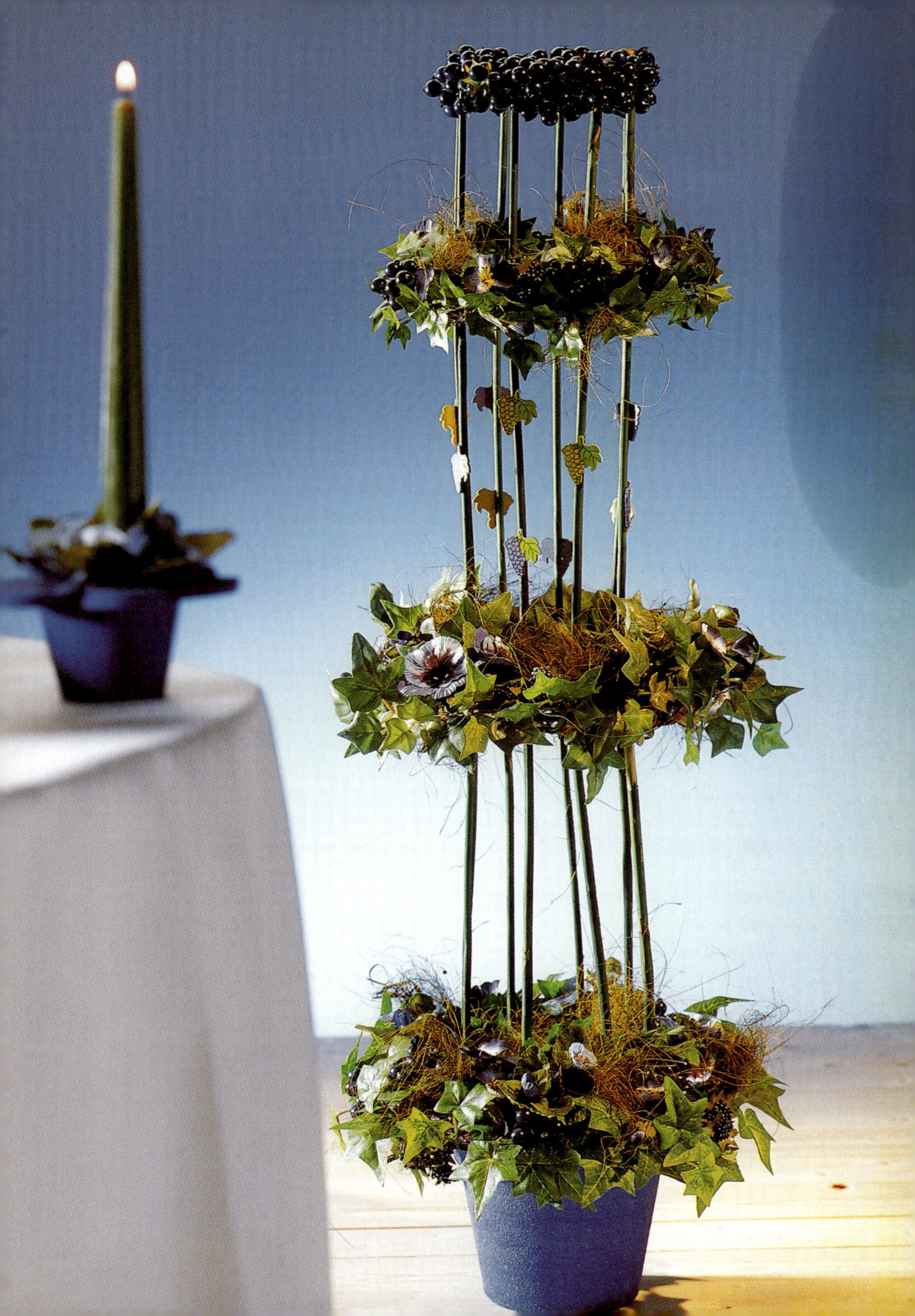

Kerzenleuchter

- ▲ Blaue Keramikkerzenhalter in Blütenform
- ▲ Kerzenkränzchen mit blauen Stiefmütterchen
- ▲ Wachsklebeplättchen
- ▲ Blaue oder grüne Stabkerze

Für einen sicheren Halt der Kerze ein Wachsklebeplättchen in den Leuchter drücken. Darauf die Kerze stellen und mit dem Kerzenring schmücken.
Bitte achten Sie darauf, dass die Kerze nicht bis zum Blütenkränzchen herunterbrennt.

Gästebuch

Damit ein schöner Tag noch lange in Erinnerung bleibt, können Sie in einem passend zur Dekoration gestalteten Gästebuch die Ereignisse des Tages oder gute Wünsche für die Zukunft festhalten.

- ▲ Blanko-Buch mit festem Umschlag, A4 (Kladde)
- ▲ Kokospapier, tannengrün
- ▲ Naturpapier, hell- und dunkelblau
- ▲ Velours-Weinblätter mit Ästchen
- ▲ Gewebeband, weiß, 1,5 cm breit
- ▲ Blaue Papierbuchstaben

Buch mit Kokospapier einschlagen. Hierfür das Papier an allen Seiten ca. 4 cm überstehen lassen. Überstehendes Papier nach innen knicken und mit Gewebeband an der Innenseite des Buches festkleben. Die Weinrebe besteht aus 17 Weintrauben aus dunkelblauem, die Lichtpunkte aus hellblauem Naturpapier (Vorlagenbogen). Die beiden äußeren Ecken aus dunkelblauem Naturpapier gestalten (Vorlagenbogen). Schriftzug „Gästebuch" positionieren und in leichter Bogenform aufkleben. Blätter anbringen und die Rebe wie auf dem Foto gestalten, dabei mit den fünf oberen Trauben beginnen. Alle Trauben überlappen sich.

Karte mit schlichtem Kreuz

Abbildung Seite 24

- ▲ Klappkarte aus weißem Aquarellpapier, A6
- ▲ Naturpapier, beige, mittel- und dunkelblau
- ▲ Embossingschablone „Schlichtes Kreuz" (Hobbidee)
- ▲ Color Dip (Hobbidee)
- ▲ Stempelkissen, blau
- ▲ Goldene Klebeschrift „Einladung"

Aus mittelblauem Naturpapier ein etwa 9,5 cm x 13 cm, aus dunkelblauem Naturpapier ein 2,5 cm x 8 cm und aus beigefarbenem Naturpapier ein 7,5 cm x 8 cm großes Stück reißen.
Embossingschablone auf beigefarbenes Naturpapier legen und mit dem Color Dip und der Stempelfarbe die Öffnungen ausfüllen. Goldenen Schriftzug auf dunkelblauem Streifen positionieren und alle Papiere aufkleben.

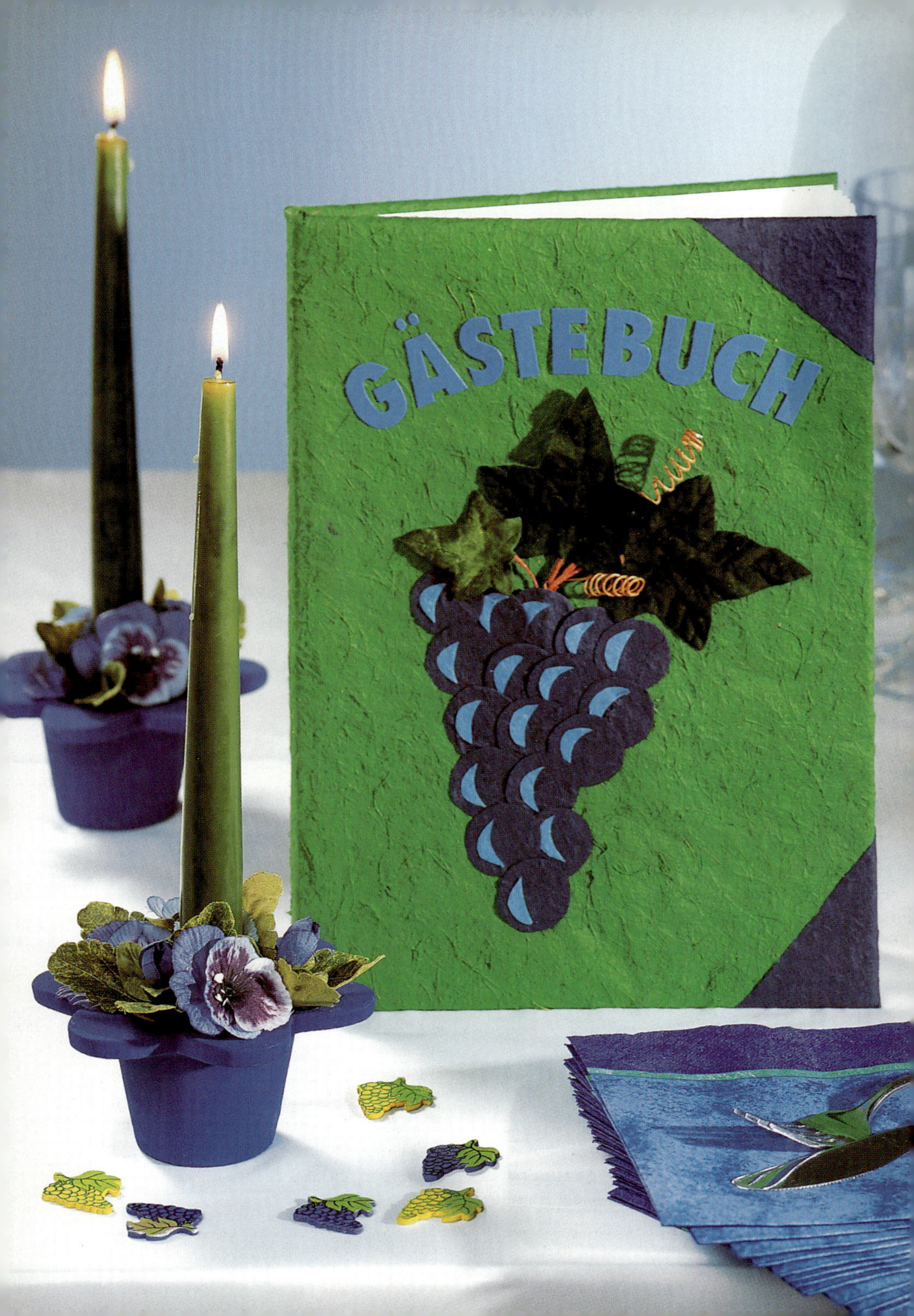
GÄSTEBUCH

Karte mit schlichtem Kreuz
Beschreibung Seite 22

Zwei Karten mit Kreuz, Korn und Reben

- ▲ *Fotokarton, royalblau, weiß*
- ▲ *Weißes Aquarellpapier*
- ▲ *Weiße Strohseide*
- ▲ *Embossingschablone „Kreuz mit Weintraube"*
- ▲ *Schriftstempel „Einladung zur Kommunion"*
- ▲ *Embossingpulver, gold, weiß*
- ▲ *Aquarellstifte, gelb, grün, blau*
- ▲ *15 cm Satinband, weiß, 3 mm breit*
- ▲ *45 cm Satinband, weiß, 15 mm breit*
- ▲ *Konturenschere Wellen*

Für rechte Karte Fotokarton in 15 cm x 21 cm, für linke Karte in 21 cm x 21 cm zurechtschneiden und jeweils falzen. Eine 7,5 cm breite Ecke nach vorne knicken, mit einem Stück gezupfter Strohseide, welche ca. 1 cm größer als die Fotokartonecke ist, hinterlegen und festkleben. Ein weiteres dreieckiges Stück Strohseide (8 cm x 8 cm x 11 cm) auf die Karteninnenseite kleben.

Für hochformatige Karte einen Streifen Fotokarton (6 cm x 21 cm) schneiden oder reißen. Mit Hilfe von Lineal und Cutter den Streifen wie auf Foto einschneiden, so dass Satinband (25 cm) hindurchgewebt werden kann.

Auf beiden Karten gezupfte Strohseide anordnen, die geprägten und kolorierten Kreuze aufkleben (siehe S. 5). Beide Karten mit Schriftstempeln bedrucken (siehe S. 5).

Bei der hochformatigen Karte kleine Schleife aus 20 cm breitem und 15 cm schmalem Satinband an linker oberer Ecke befestigen.

TISCH-GEDECK

Tischkarte

▲ Blaues Moon-Rock-Papier
▲ Dunkelgrünes Tonpapier
▲ Konturenschere Wellen
▲ Blaue Holz-Weintraube
▲ 2 kleine Efeublätter
▲ Silberner Hybridroller oder Lackstift

Aus dem Moon-Rock-Papier ein 9 cm x 11 cm großes Rechteck schneiden und in der Mitte falzen. Mit der Wellenschere ein grünes Stück Tonpapier auf die Größe 4 cm x 7,5 cm zuschneiden und aufkleben. Die rechte Ecke ziert eine Weintraube mit zwei Efeublättern.

Tellerauflager

▲ Blaue Holzblume mit Loch, ø insgesamt ca. 7 cm
▲ 2 Holz-Weintrauben, grün/blau
▲ Blauer Naturbast
▲ 15 cm dunkelgrünes Satinband, 3 mm breit
▲ Blaues Yaninchen
▲ Seegras
▲ 2 Mini-Efeublätter

Die zwei Weintrauben an die Satinbandenden kleben und Band mit Kleber so an der Holzblume befestigen, dass die Enden unterschiedlich lang sind.
Aus wenigen Strängen Bast eine Schleife binden und mit etwas Seegras aufkleben. Hinter den Schleifenmittelpunkt ein Bund Yaninchen und zwei Mini-Efeublätter positionieren.

Dreieckiges Geldgeschenk

▲ 3 Stäbe Elefanten-Ried, grün,
  2 x 40 cm, 1 x 35 cm lang
▲ *Bänderreste, grün, blau*
▲ *Blauer Naturbast*
▲ *Einige Efeublätter*
▲ *2 blaue Bündchen Yaninchen*
▲ *3 Holz-Weintrauben, grün/blau*
▲ *Golddraht*
▲ *2 Geldscheine*

Drei Stäbe zu einem Dreieck zusammendrahten. Dreieck wie auf Foto mit verschiedenen Bändern bekleben. Efeublätter aufkleben und Klebestellen mit Naturbastschleifen bedecken.
Auf einem breiteren Band Weintrauben platzieren. Geldscheine zu einer Ziehharmonika falten, um den Mittelpunkt je einen Yaninchenstiel binden und Geldschein mit dem Stiel am Stab befestigen.

Danksagungskarte

▲ *Naturpapier, beige, mittelblau*
▲ *Kokosfaserpapier, grün*
▲ *Weißes Aquarellpapier*
▲ *Color Dip (Hobbidee)*
▲ *Stempelkissen, blau, grün*
▲ *Irisierendes Embossingpulver*
▲ *Schriftstempel "Herzlichen Dank"*

Aus blauem Naturpapier Karte von 19 cm x 27 cm zuschneiden und in der Mitte falzen. Aus hellen Naturpapier 9 cm x 12 cm großes Stück reißen. Mit Color Dip und blauer Stempelfarbe überlappend mehrere Weintrauben zu einer Rebe darauf stempeln. Der Durchmesser der Trauben entspricht dabei dem Durchmesser des Color Dips. Stiel und Blätter werden aus grünem Kokosfaserpapier gezupft.
Schriftzug auf dem gerissenen Aquarellpapier (ca. 5 cm x 10 cm) mit grüner Stempelfarbe und irisierendem Embossingpulver gestalten (siehe S. 5).

Herzlichen Dank

Dekoration in edlem Creme-Gold

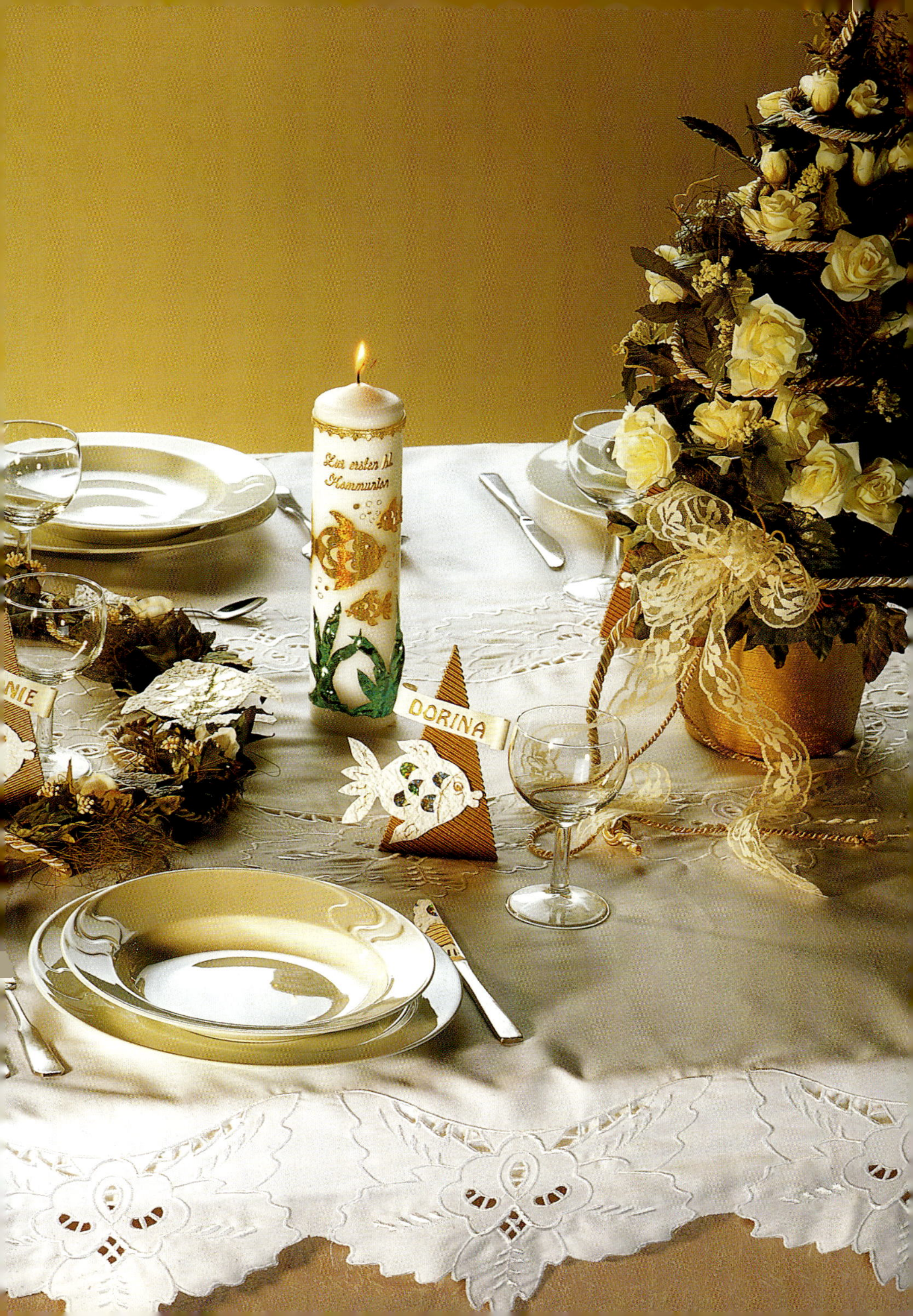
Zur ersten hl. Kommunion
DORINA

Cannastabbaum

Diese außergewöhnliche Dekoration schmückt den Hauseingang und eignet sich auch sehr gut als Altarschmuck in der Kirche.

- *6 dunkelgrüne Cannastäbe, je 1 m lang*
- *Beutel Grasstrip*
- *Efeukränze, mattgrün, ø 25 cm und 16 cm*
- *4 weiße Reginchen*
- *5 Rosenpicks mit Statice, creme*
- *3 Rosenpicks mit Perlensträngen, creme*
- *3 m Spitzenband, creme, 4 cm breit*
- *1 m Satinband, dunkelgrün, 3 mm breit*
- *Weißes Moon-Rock-Papier*
- *Goldene Hologrammfolie*
- *Goldener Lackstift*
- *Myrtendraht*

Das Grundgerüst wird aus Cannastäben gefertigt. Stäbe hierfür bündeln und im obereren Bereich locker mit Draht umwickeln. Stäbe nach unten auseinanderziehen. Hierfür ist ein weiteres helfendes Händepaar nützlich. Wenn die Form stabil ist, Draht oben fest umwickeln.
Von oben den größeren Efeukranz über die Stäbe führen und an den Innenseiten verdrahten. Kleineren Kranz ungefähr in der Mitte platzieren und befestigen. Grasstrip von unten nach oben um das Gerüst schlingen und mit etwas Draht befestigen.

Zum Dekorieren des Baumes eine Vorderseite wählen und schwerpunktmäßig vorne die Blumen und Reginchen anordnen.
Bei der oberen Verdrahtung der Stäbe einen Rosenpick sowie ein Reginchen platzieren. Darunter eine Schleife aus ca. 40 cm Spitze, die mit 40 cm des dunkelgrünen Satinbandes zusammengebunden wird, kleben. Eine weitere Schleife aus 60 cm Spitze und 60 cm dunkelgrünem Satinband zum Binden zwischen den Kränzchen platzieren. Das verbleibende Spitzenband locker durch die Stäbe und Kränze winden.
Die Fische als christliches Symbol tauchen in der gesamten Dekoration auf. Zwei große Fische mit Hologrammschuppen, einen mittleren sowie drei kleine Fische aus Moon-Rock-Papier (Vorlagenbogen) anfertigen, mit Lackstift bemalen und an die Dekoration kleben.

▲▲▲TIPP▲▲▲▲▲▲▲▲▲▲▲▲▲

Wenn Sie bei dieser Dekoration die Fische einfach weglassen, können Sie beispielsweise für eine Hochzeit einen festlichen Rahmen schaffen. ▲▲▲▲▲

Türschild
Beschreibung Seite 32

Meine 1. Heilige Kommunion

Türschild

Abbildung Seite 31

Dieses einfach zu fertigende Türschild ist eine wirkungsvolle Dekoration für die Haustür.

- *Efeukranz, mattgrün, ø 25 cm*
- *3 Rosenpicks mit Perlensträngen und kleinen Schleifen, creme*
- *1 m Spitzenband, creme, 4 cm breit*
- *1 m Band, creme, 2,5 cm breit*
- *0,8 m Kordel, creme/gold, 4 mm breit*
- *Weißes Moon-Rock-Papier*
- *Goldener Glitzerliner*

Efeukranz in eine ovale Form biegen. Entsprechend dieser Form ein Oval aus Moon-Rock-Papier zuschneiden und hinter den Kranz kleben. Drei Rosenpicks auf Kranz anordnen und festdrahten.
Mit Schleife aus Spitzenband, Band und Kordel unteren Rand zieren. Mit einem Glitzerliner die Schrift aufbringen (ggf. Text mit Bleistift vorzeichnen).

Ehrenplatzgirlande

- *Efeukranz, mattgrün, ø 25 cm*
- *1,5 Bund weiße Reginchen*
- *Myrtenzweig, 64 cm lang*
- *6 cremefarbene Rosen*
- *1,2 m Spitzenband, creme, 4 cm breit*
- *0,8 m Kordel, creme/gold, 4 mm breit*
- *1,8 m Kordel, creme/gold, 10 mm breit*
- *Seegras*
- *Weißes Moon-Rock-Papier*
- *Goldene Hologrammfolie*
- *Goldener Lackstift*

Efeukranz öffnen und so auseinander biegen, dass ein Bogen entsteht. Sechs kleine Picks, die jeweils aus einer Rose, zwei Teilen des Myrtenzweiges und drei kleinen Bündelchen Reginchen bestehen, einbinden. Diese Picks im Abstand von ca. 10 cm auf dem Bogen verdrahten. Im oberen Bereich einen Zwischenraum von ca. 20 cm freilassen, wo ein großer Fisch aus Moon-Rock-Papier mit Hologrammschuppen (Vorlagenbogen) seinen Platz findet. Zwei kleine Fische rechts und links aufkleben. Die Fische werden mit Lackstift bemalt.
Die dickere Kordel um den Bogen schlingen. An den Bogenenden zwei Schleifen aus Spitzenband arrangieren. Die Schleifen mit der dünnen Kordel zusammenbinden. Die Girlande wirkt duftiger, wenn Sie Seegrasbüschel zwischen die Blätter geben.

Tischkarte

▲ Goldene Wellpappe
▲ Weißes Aquarellpapier
▲ Weißes Moon-Rock-Papier
▲ Goldene Hologrammfolie
▲ Goldene Klebebuchstaben
▲ Goldener Lackstift

Form für die stehende Dreieckskarte ausschneiden (Vorlagenbogen). Hierbei Wellenverlauf der Wellpappe beachten. Karten an den vorgegebenen Stellen auf der gewellten Seite mit Hilfe von Cutter und Lineal leicht anritzen, zusammenfalten und an der Klebenaht verschließen.
Fisch aus Moon-Rock-Papier ausschneiden, mit Hologrammschuppen schmücken, mit Lackstift bemalen und aufkleben. Namensschilder entsprechend der Namenslänge aus Aquarellpapier zuschneiden, die Enden in verschiedene Richtungen eindrehen und aufkleben.
Namen aus einzelnen Klebebuchstaben aufbringen.

Tischbaum

- Goldener Keramiktopf, ø 15 cm
- Efeukranz, ø 20 cm
- 3 weiße Deutziazweige, 60 cm lang
- 6 Rosenzweige, creme, 55 cm lang
- 3 Myrtenzweige, 64 cm lang
- 1,2 m Spitzenband, creme, 4 cm breit
- 60 cm Kordel, creme/gold, 4 mm breit
- 2 m Kordel, creme/gold, 10 mm breit
- Steckziegel

Topf mit Steckziegel füllen und Efeukranz auf Topf legen. Im Wechsel innerhalb des Kranzes zwei Rosen- und ein Deutziazweig in den Topf stecken, so dass der Topfrand gleichmäßig gefüllt wird. In der Topfmitte Myrtenzweige platzieren, die am längsten nach oben hinausragen.

Damit die Bäumchenform entsteht, breite Kordel von oben nach unten um das Arrangement winden und Kordelenden mit den Blumen verdrahten. Den Topfrand ziert eine Schleife aus Spitzenband. Sie wird mit der dünnen Kordel zusammengebunden.

Festliche Kerze

- Weiße Stumpenkerze, 25 cm lang, ø 6 cm
- Wachsplatte, gold, in Hologrammoptik
- Wachsplatte, grün irisierend, weiß
- Wachsschrift „Zur 1. hl. Kommunion"
- Wachsspitzenborde, gold
- Wachsschreibfolie, gold
- Goldener Lackstift

Schablonen für Wasserpflanzen und Fische (Vorlagenbogen) herstellen. Schablonen auf die entsprechenden Wachsplatten legen und Konturen mit einer Nadel ausschneiden (siehe S. 5). Ausgeschnittene Wachsmotive vorsichtig vom Schutzblatt abheben. Fische wie auf dem Foto positionieren. Die Wasserpflanzen wirken noch plastischer, wenn sie etwas drapiert angebracht werden.

Schuppen und Fischaugen aus weißer Wachsplatte schneiden und anbringen. Oberen Rand der Kerze mit Wachsspitzenborde schmücken. Schriftzug auflegen und behutsam andrücken.

Mit Hilfe einer stumpfen Nadel Striche (Vorlagenbogen) in die Fischflossen drücken. Das Innere der Fischaugen ist mit einem goldenen Lackstift aufgemalt. Einige verschieden große Luftblasen mit der Schreibfolie auftragen. Bitte beachten Sie hier die Herstellerangaben.

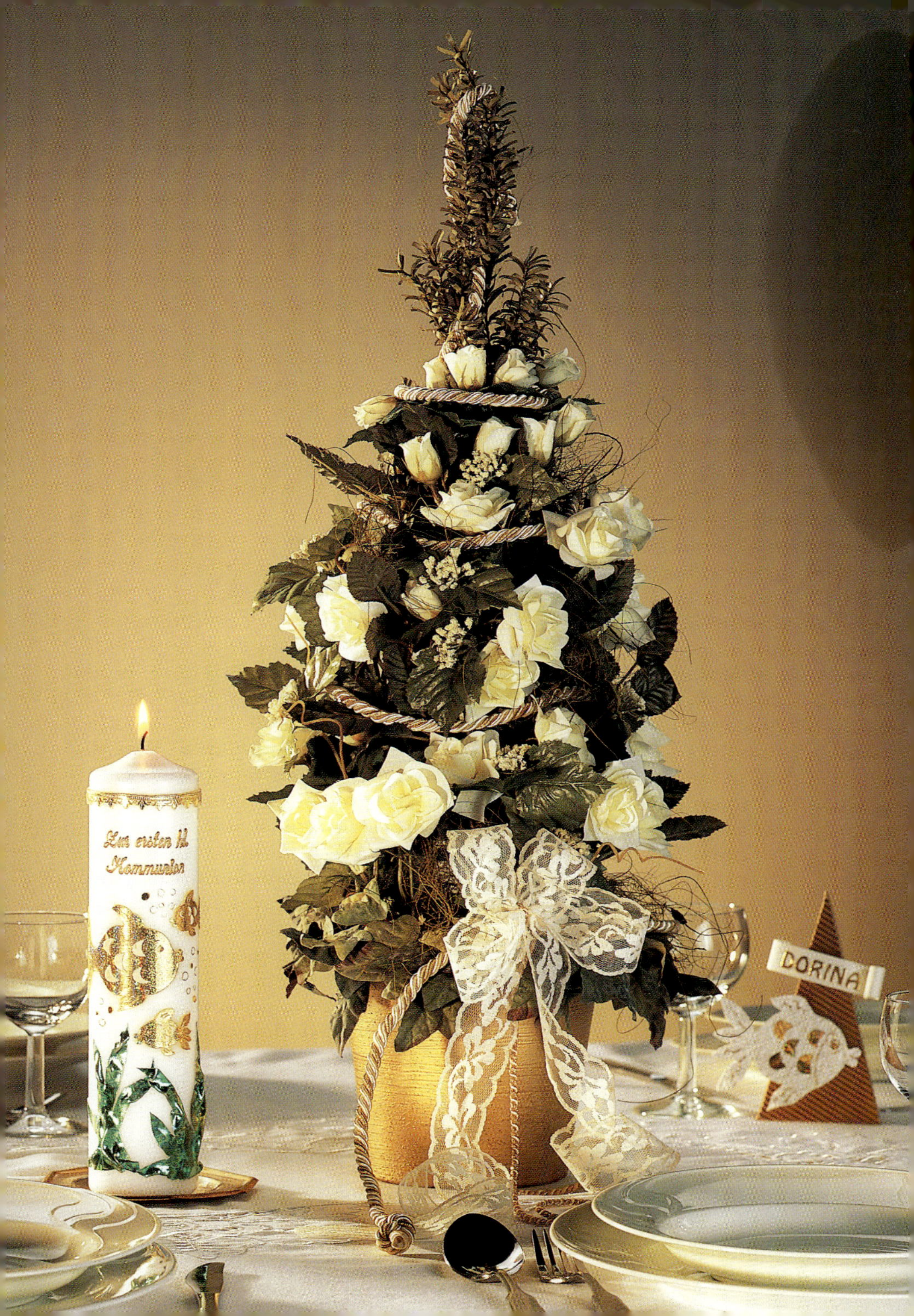
DORINA

EINLADUNGSKARTEN

Dreieckskarte mit Fischen

- ▲ *Goldene 3D-Colorwellpappe*
- ▲ *Weißes Moon-Rock-Papier*
- ▲ *Goldene Hologrammfolie*
- ▲ *Cremefarbene Elefantenhaut*
- ▲ *Goldene Klebeschrift*
- ▲ *Goldener Lackstift*
- ▲ *Cremefarbene Kordel, 3 mm breit, 50 cm lang*
- ▲ *Konturenschere Wellen*

Zwei Fische aus Moon-Rock-Papier mit Hologrammschuppen und Karte aus Colorwellpappe ausschneiden (Vorlagenbogen) und mit Lackstift bemalen. Fische mit Schuppen aufkleben. Eventuell ein Einlegeblatt in etwas kleinerer Form zuschneiden. Mit einer Wellenschere ein kleines Schildchen aus Elefantenhaut zuschneiden und mit der Klebeschrift verzieren.
Zugehalten wird die Karte durch eine goldene Kordel, die zweimal um das obere Kartendrittel gebunden wird.

Geldgeschenkkarte

Beschreibung Seite 38

Weiße Karte mit Kreuz

- ▲ *Klappkarte aus Aquarellpapier, A6*
- ▲ *Metallschablone „Kreuz" (Hobbidee)*
- ▲ *Color Dip (Hobbidee)*
- ▲ *Stempelkissen, gold*
- ▲ *Konturenschere Wellen*

Cremefarbene Karte mit Kelch

- ▲ *Klappkarte aus Elefantenhaut, beige, 20 cm x 21 cm*
- ▲ *Metallschablone „Kelch"*
- ▲ *21 cm Baumwollband, grün/gold, 4 cm breit*
- ▲ *Goldene Wellpappe, 21 cm x 3,5 cm*
- ▲ *50 cm Kordel, creme/gold, 4 mm breit*
- ▲ *Aquarellstifte, grün, gelb*

Zusätzliches Material für Karte mit Kreuz und Karte mit Kelch:
- ▲ *Grüne Elefantenhaut*
- ▲ *Schriftstempel „Einladung zur Kommunion"*
- ▲ *Transparentes Stempelkissen*
- ▲ *Goldenes Embossingpulver*
- ▲ *Büttenrandschere*
- ▲ *Aquarellpapier*

Die Beschreibung für beide Karten finden Sie auf der rechten Seite.

WEISSE KARTE MIT KREUZ:

Grüne Elefantenhaut (9 cm x 10 cm) und Aquarellpapier (8 cm x 9 cm) zuschneiden, mit Konturenscheren beschneiden und aufkleben.

Kreuz schablonieren. Dafür die Metallschablone auflegen und mit dem Color Dip die Stempelfarbe in alle Öffnungen stempeln. Einen Streifen mit Schrift (3,5 cm x 12 cm) und eingerollten Enden in den unteren Bereich kleben (siehe S. 5).

KARTE MIT KELCH:

Dekoband und dann etwas überlappend den Wellpappenstreifen aufkleben. Kelch auf das Aquarellpapier (5,5 cm x 8 cm) prägen (siehe S. 5) und aufkleben. Schrift aufstempeln (siehe Seite 5). Zusammengehalten wird die Karte mit einer Kordel.

Geldgeschenkkarte
Abbildung Seite 37

- ▲ Goldene 3D-Colorwellpappe
- ▲ Weißes Aquarellpapier
- ▲ Weißes Moon-Rock-Papier
- ▲ Goldene Hologrammfolie
- ▲ 4 weiße Wachsperlen, ø 10 mm
- ▲ Goldene Klebebuchstaben
- ▲ 30 cm Kordel, creme, 2 mm breit
- ▲ 1 m Kordel, creme/gold, 4 mm breit
- ▲ 1 m Band, creme, 2,5 cm breit
- ▲ Goldener Lackstift
- ▲ Konturenschere Wellen
- ▲ Klebekitt
- ▲ Geldstücke

Aus Wellpappe eine Klappkarte in der zusammengeklappten Größe von 23 cm x 32 cm fertigen. Die Wellen verlaufen dabei quer. Fisch aus Moon-Rock-Papier und Schuppen aus Hologrammfolie ausschneiden (Vorlagenbogen) und bemalen.
Aus Aquarellpapier mit der Wellenschere ein Rechteck von 6 cm x 17 cm zuschneiden und mit den Buchstaben bekleben. Perlen und Geldstücke mit kleinen Kügelchen Klebekitt als Blasen anbringen. Den linken Rand zieren eine Kordel und eine aus dem Band und der schmalen Kordel gebundene, doppelte Schleife, die aufgeklebt werden.

Rundes Kommunionskränzchen

- ▲ *5 Bund Satinblüten mit Glimmer*
- ▲ *4 Bund Satinrosen mit Organza*
- ▲ *Organdy-Schleierband, 3fach, 55 cm lang*
- ▲ *1,5 m weißes Organdy-Band, 5 cm breit*
- ▲ *1,5 m weißes Satinband, 3 mm breit*

Drei einzelne Satinblüten mit Glimmer und zwei einzelne Satinrosen jeweils zusammendrahten.
Ein Kränzchen binden, indem zunächst drei Satinblüten, dann zwei Satinrosen miteinander verdrahtet werden. Immer unmittelbar hinter den Blüten das nächste Bündel ansetzen und mit den eigenen Stielen verdrahten, so dass ein ca. 45 cm langes Stück entsteht.
Nun das Teil zu einem Kränzchen biegen und zusammendrahten, dabei einen Freiraum von etwa 7 cm stehen lassen. Hier wird das Organdy-Schleierband mit eigenen Stielen befestigt. Ca. 1 m langes, weißes Satinband um diesen Freiraum wickeln und verkleben.
Aus dem Organdy-Band eine Doppelschleife binden und mit dem verbleibenden Satinband ans Kränzchen knoten.

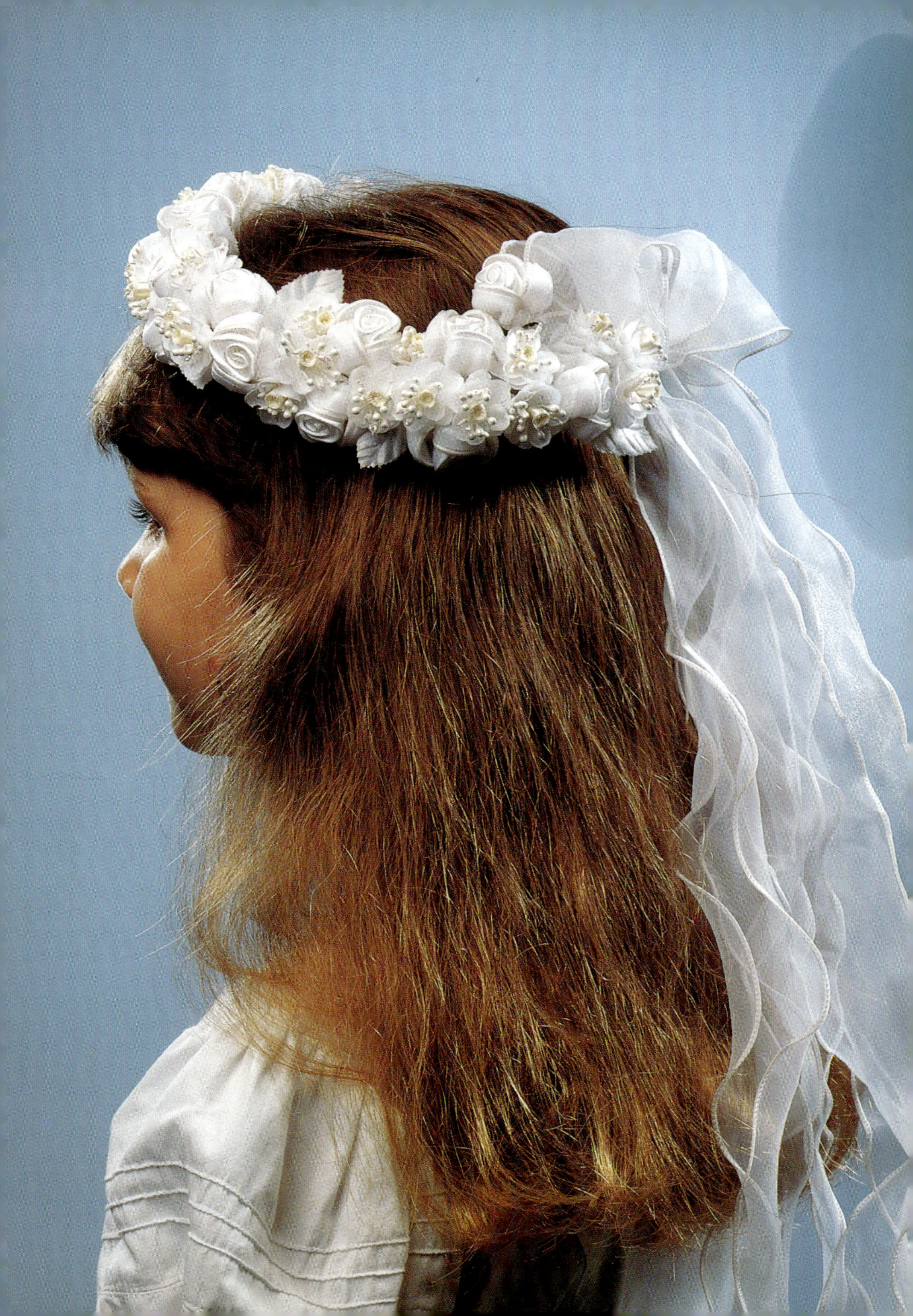

Dekoration in frühlingshaftem Gelb-Grün

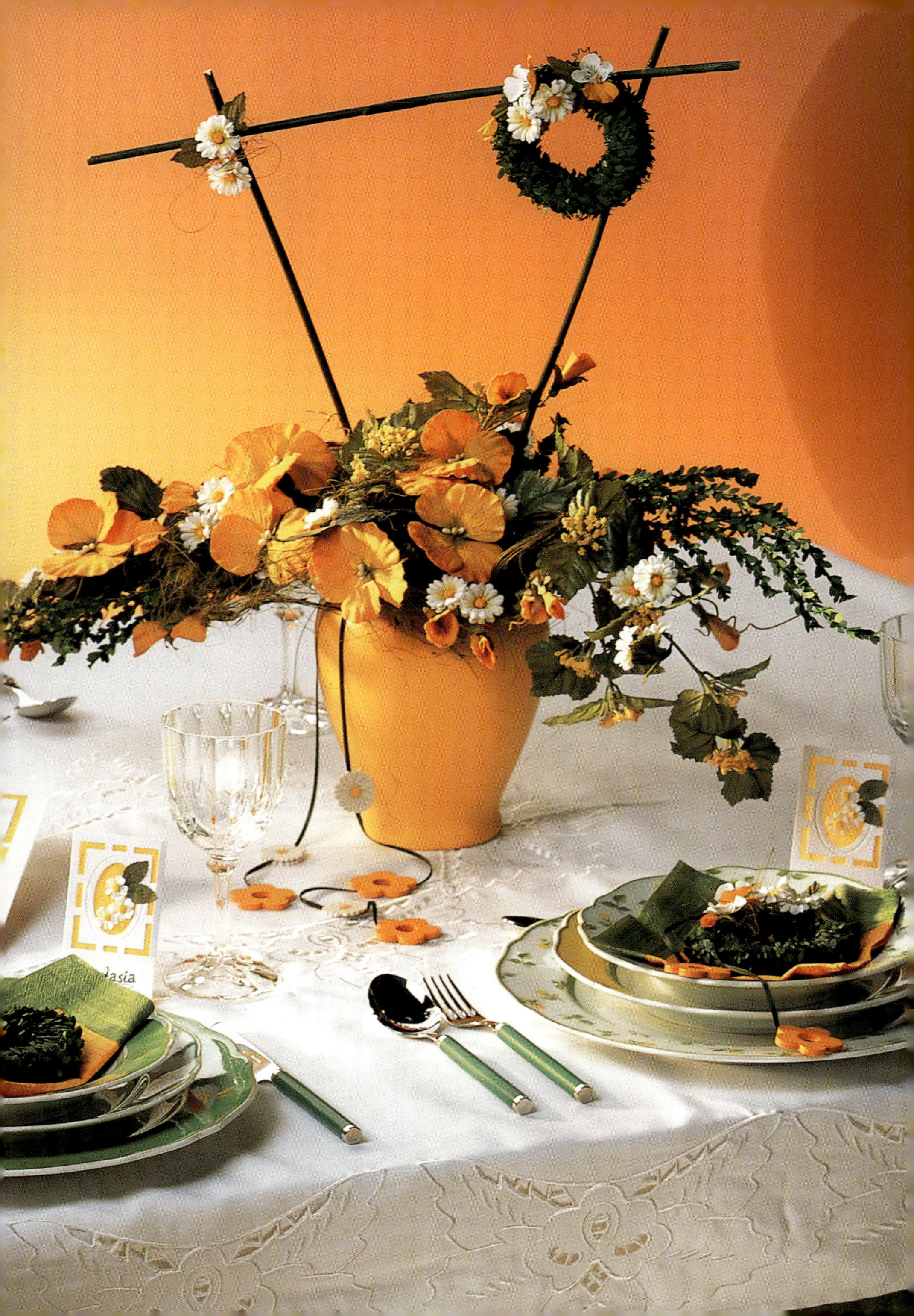

Tischgesteck

- Gelbe Vase, ca. 20 cm hoch
- 3 gelbe Deutziazweige
- 2 Myrtenstrauchzweige, 40 cm lang
- 8 gelbe Malven
- 13 Mini-Gänseblümchen-Picks
- Mini-Stiefmütterchen, gelb/weiß
- 3 Stäbe Elefanten-Ried
- Myrtenkränzchen, ø 10 cm
- Seegras
- 70 cm Satinband, dunkelgrün, 3 mm breit
- 2 gelbe Holzstreublumen
- 3 weiße Holzstreublumen
- Steckziegel
- Stieldraht

Steckziegel so zuschneiden, dass er die Vase ausfüllt. Das Gesteck wird von außen nach innen gearbeitet.

Auf einer Seite je einen Myrtenzweig, einen Deutziazweig und eine Malve stecken. Auf der gegenüberliegenden Seite das gleiche in umgekehrter Reihenfolge anordnen. In die beiden Deutziazweige je 3 Mini-Gänseblümchen-Picks drahten.

Zwei Stäbe Elefanten-Ried schräg einstecken und den dritten Stab oben quer verkleben. Auf eine Klebestelle etwas Seegras mit Mini-Gänseblümchen anbringen. Auf zweite Klebestelle das mit Mini-Gänseblümchen und Mini-Stiefmütterchen verzierte Myrtenkränzchen kleben. Die weiteren Blumen und das auseinandergezupfte Seegras auf dem Gesteck verteilen.

Die verschiedenen Holzblumen zieren das Satinband, das mit einem Stieldraht am unteren Rand des Gestecks eingesteckt wird.

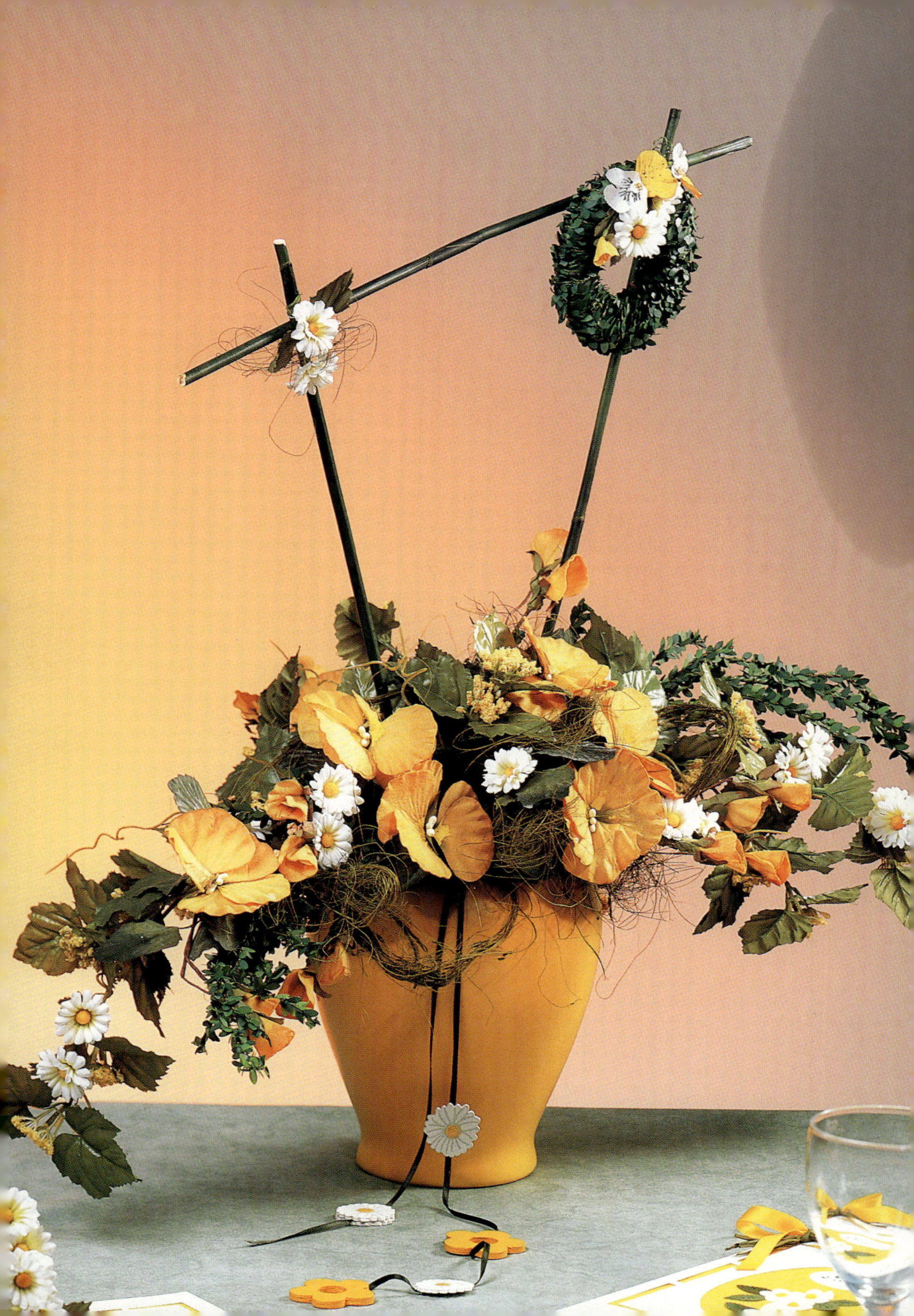

Ehrenplatzgirlande

- ▲ 2 Myrtenstrauchzweige, 40 cm lang
- ▲ Gelber Deutziazweig
- ▲ 3 gelbe Malven
- ▲ 2 Mini-Stiefmütterchen, gelb/weiß
- ▲ 2 Mini-Gänseblümchen-Picks
- ▲ Seegras

Deutziazweig in der Mitte teilen. Je eine Hälfte am unteren Drittel der Myrtenzweige verdrahten. Dann jeweils eine Malve, ein Stiefmütterchen und ein Gänseblümchen mit den eigenen Stielen andrahten.
Beide Girlandenteile mit den Stielen zusammenfügen. In der Mitte eine Malve mit gekürztem Stiel einarbeiten. Etwas Seegras in die verschiedenen Lücken geben und die Girlande zu einem Bogen formen.

Tellerauflieger

- ▲ Myrtenkränzchen, ø 10 cm
- ▲ Mini-Stiefmütterchen, gelb/weiß
- ▲ Mini-Gänseblümchen-Pick
- ▲ 2 gelbe Holzblumen
- ▲ 40 cm Satinband, dunkelgrün, 3 mm breit
- ▲ Seegras

Satinband so um eine Stelle des Kränzchens knoten, dass ein Bandende etwa 6 cm länger als das andere ist. Holzblumen jeweils an die Bandenden kleben. Stiefmütterchen und Gänseblümchen zusammendrahten und am Kränzchen anbringen. Zuletzt etwas Seegras fixieren.

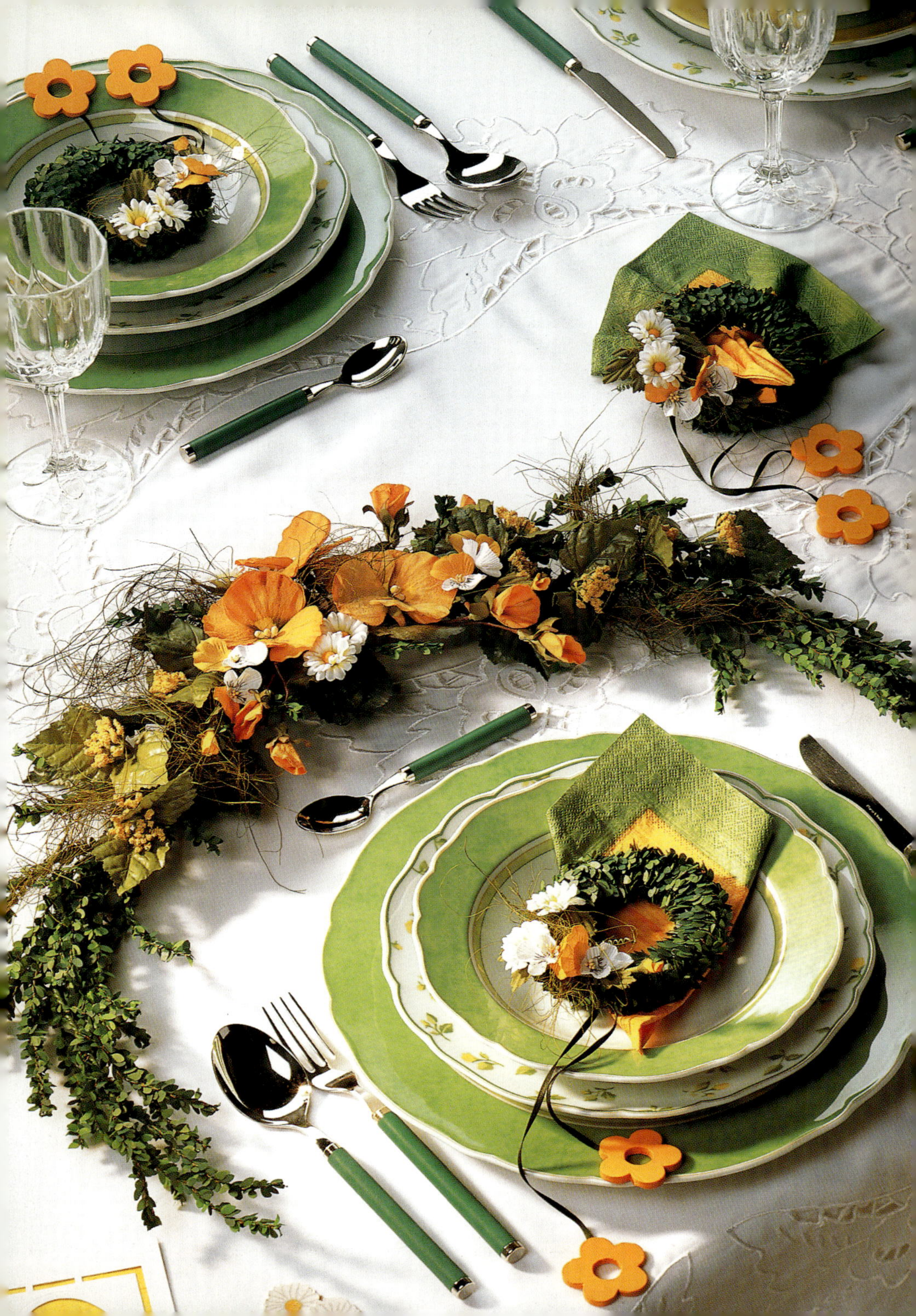

Kartenkollektion

Bei dieser frühlingshaften Kollektion mit Gruß-, Menü- und Tischkarte verbreiten weiße Passepartoutkarten mit ovalem Ausschnitt im filigranen Rechteck (Hobbidee) eine festliche Note.

- ▲ *Menükarte, A 5, Grußkarte, A 6, Tischkarte, A 7, weiß, Ovalform im Filigran-Rechteck (Hobbidee)*
- ▲ *Große und kleine weiße Papierblüten mit Blättern*
- ▲ *Gelbe Strohseide*
- ▲ *Grüner Hybridroller (Stift mit Gel-Tinte)*
- ▲ *Goldene Klebeschrift „Zur Heiligen Kommunion"*
- ▲ *Pluster-Pen, gelb*
- ▲ *25 cm Satinband, gelb, 10 mm breit*
- ▲ *Grüner Naturbast*

Für das Hinterkleben der Passepartout-Kartenfenster Strohseide in entsprechender Größe zuschneiden und aufkleben.

MENÜKARTE:
Ensemble aus fünf großen Blüten und sechs Blättern wie auf dem Foto aufkleben. Einen kleinen ovalen Ausschnitt einer Tischkarte im oberen Teil positionieren. Eine aufgeklebte Schleife aus Satinband und Naturbast ziert die linke obere Kartenecke.

GRUSSKARTE:
Karte mit drei großen Blüten und Blättern schmücken. Die goldene Klebeschrift diagonal in den Ausschnitt kleben.

TISCHKARTE:
Drei kleine Blüten und zwei Blätter in Ausschnitt kleben.

FERTIGSTELLUNG ALLER KARTEN:
Mit einem grünen Hybridroller bei allen Blättern zarte Blattadern aufmalen und Karten beschriften. In Blütenmittelpunkte Plusterfarbe auftragen, trocknen lassen und mit einem Fön aufplustern.

Kommunionskind unter Blütenbogen
Beschreibung Seite 48

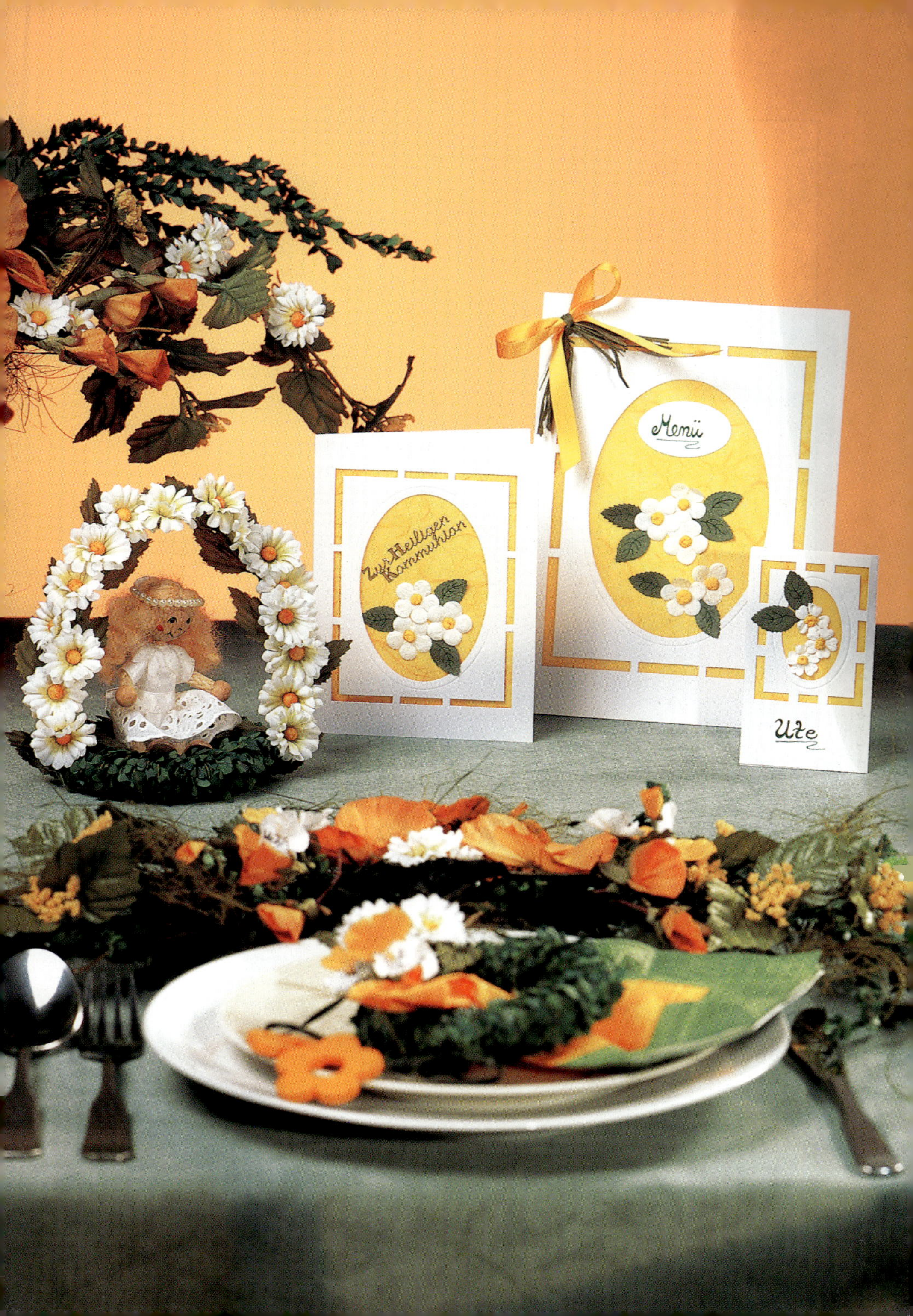
Zur Heiligen Kommunion
Menü
Ute

Kommunionskind unter Blütenbogen
Abbildung Seite 47

Dieses niedliche Kommunionskind kann als Geschenkverzierung oder als Geldgeschenk verwendet werden.

▲ *Holz/Sisal-Püppchen, 10 cm groß*
▲ *10 cm Satinband, weiß, 4 cm breit*
▲ *17 cm Baumwollspitze, weiß, 4 cm breit*
▲ *7 cm Haarzopf, blond*
▲ *25 cm Satinband, weiß, 10 mm breit*
▲ *Etwas Draht*
▲ *30 weiße Wachsperlen, ø 3 mm*
▲ *Weiße Diorrose*
▲ *Myrtenkranz, ø 10 cm*
▲ *8 Mini-Gänseblümchen-Picks*
▲ *Lackstift, schwarz, rot*
▲ *Nadel, Faden*
▲ *Stieldraht*

Püppchen mit den Bändern ankleiden: Das breite Satinband in der Mitte zusammenlegen und ein kleines Loch von 3 mm - 4 mm Durchmesser einschneiden. Köpfchen abnehmen und Band mit dem Loch über den Hals legen. Kopf wieder aufstecken. Baumwollspitze am oberen Rand reihen und als Röckchen umbinden. Nun um den Bauch das 10 mm breite Satinband binden.
Für die Haare den Zopf auseinanderzupfen und in der Mitte mit etwas Nähgarn zusammenhalten. Haare aufkleben und Köpfchen mit einem Kränzchen aus einem Drahtstück mit aufgefädelten Perlen schmücken. Am hinteren Teil des Kränzchens verdeckt eine Diorrose die Nahtstelle. Die abgetrennten Blätter der Diorrose als Kragen verwenden.

Nun den Blütenbogen fertigen: Zwei Zweige aus je vier Mini-Gänseblümchen drahten. Die Gänseblümchenzweige an zwei gegenüberliegenden Stellen des Myrtenkränzchens befestigen und die Blätter oben so verkleben, dass ein Blumenbogen entsteht. Kommunionskind in den Kranz setzen, einen Geldschein zur Ziehharmonika falten und diesen vorne am Myrtenkränzchen andrahten.